D0598409

Emma Romeu

MI AMIGO EL MANATÍ

2006, Santillana USA Publishing Company, Inc.
2105 NW 86th Avenue
Miami, FL 33122
www.santillanausa.com

Altea es un sello original del ***Grupo Santillana.*** Éstas son sus sedes:

ARGENTINA, BOLIVIA, CHILE, COLOMBIA, COSTA RICA,
ECUADOR, EL SALVADOR, ESPAÑA, ESTADOS UNIDOS,
GUATEMALA, MÉXICO, PANAMÁ, PERÚ, PUERTO RICO,
REPÚBLICA DOMINICANA, URUGUAY Y VENEZUELA.

ISBN 10: 970-29-0513-3
ISBN 13: 978-970-29-0513-4

Published in the United States of America

Impreso en Colombia por D'vinni

10 09 08 07 06 1 2 3 4 5 6 7 8 9 10

Agradezco al doctor Benjamín Morales, y a todas las personas
que a lo largo de los años me han ofrecido información
y asesoría sobre este fascinante animal.

Manatí:
Trichechus manatus

El manatí es un mamífero acuático, como las ballenas, los cachalotes y los delfines. Pero los lentos manatíes no son familiares de estos animales, ni habitan en mares tan profundos. Viven en aguas cálidas y tranquilas, y son clasificados en biología como sirénidos porque hace siglos los marinos los confundieron con sirenas.

Existen tres especies de manatíes, una en la costa oeste de África y las otras dos en América. Las especies americanas se encuentran desde la Florida hasta Brasil en ciertas lagunas, esteros, canales, desembocaduras de ríos, bahías y costas.

Los manatíes están entre los mamíferos vegetarianos más grandes que habitan América. Miden por lo general 3 metros (10 pies) desde el hocico hasta la punta de la cola, aunque a veces alcanzan mayores tamaños.

¿Y cuánto pesan estos gigantes? Quizá tanto como un toro o como un cocodrilo grande y bien alimentado, o sea, alrededor de 500 kilogramos (1100 libras).

Hasta la persona más obesa puede nadar fácilmente si sabe hacerlo, así que al gran manatí, que es un animal acuático, le cuesta todavía menos trabajo moverse en el agua.

Tiene la forma de un gordo torpedo y se impulsa con la cola en forma de paleta, mientras usa como timón las dos aletas

parecidas a brazos de sus costados. De esta manera va de un sitio a otro, en ocasiones más despacio, otras, más apurado.

Hay algas que se instalan sobre el cuerpo gris oscuro o pardo del manatí y lo hacen ver verdoso.

La cabeza del manatí es pequeña en comparación con su cuerpo salpicado de gruesos pelos. Los ojos también son pequeños.

En el hocico corto y chato, como el de un perro bulldog, tienen las fosas nasales, con unas ventanitas de piel que se les abren cuando llegan a la superficie a respirar, cada dos o tres minutos. Las ventanitas se cierran cuando el manatí se sumerge, y así no permiten que el agua le penetre hasta los pulmones.

¿Y qué comen estos animales tan grandes? Al igual que las vacas y los chivos, los manatíes se alimentan de plantas, sólo que ellos buscan plantas acuáticas, de esas que viven sujetas al fondo o flotando en la superficie.

Se sabe que entre sus comidas preferidas está la llamada "hierba de manatí", que tiene hojas largas y finas, como si fueran gruesos hilos verdes. Además les gusta la "hierba de tortuga",

con hojas como cintas. Comen tranquilamente en el pasto marino que forman esas plantas en el fondo. También les gustan las algas.

A veces se les ha visto comer algunas hojas o ramitas de plantas terrestres que crecen en las orillas de los ríos y que tienen partes en el agua.

El manatí necesita ingerir gran cantidad de plantas para sentirse satisfecho. Se dice que tragan diariamente el 10% de su peso en vegetales. Un animal grande que pese seiscientos kilogramos tiene que comer al día de 50 a 60 kilogramos (entre 110 y 130 libras) de plantas. En los acuarios donde hay manatíes se gastan muchas cajas de lechugas y otros alimentos para dejar tranquilo a este glotón.

Con sus labios gruesos y fuertes, el manatí arranca del fondo las plantas que se come. Tiene el labio superior dividido en dos mitades que mueve con facilidad. Así, hábilmente, aprieta las plantas entre los labios y tira de ellas hasta que las desprende. Después, con otro movimiento, se las introduce en la boca.

Las muelas anchas y planas les sirven para masticar bien lo que comen. Sus muelas tienen una propiedad curiosa. De tanto machacar y machacar plantas se van gastando. Sin embargo, los manatíes no se quedan sin dentadura, sino que cada vez que se les gastan las viejas muelas les salen unas nuevas. Los manatíes, al igual que todos en la naturaleza, presentan adaptaciones en su cuerpo que les permiten andar por la vida valiéndose por sí mismos.

En el hocico tienen unos gruesos pelos con los que pueden sentir. Sienten las plantas, el fango, las rocas... Para saber lo que son esos pelos táctiles no hay más que tocarle los bigotes a un gato, que con seguridad arrugará el hocico.

A pesar de su gran tamaño y peso, el manatí no ataca a los demás animales, sino que es pacífico y casi siempre está solo. Por corto tiempo se reúne con otros manatíes, en algún sitio tranquilo, a veces en grupos pequeños y otras en grupos hasta de cuarenta o cincuenta. Entonces sacan la cabeza para respirar uno cerca del otro. ¡Tantos manatíes juntos son un espectáculo muy especial!

El macho y la hembra son tan parecidos que no se les puede reconocer fácilmente. En la época de reproducirse, buscan lugares poco profundos y protegidos, como ciertas bahías donde los machos persiguen a las hembras que eligen como pareja. Al cabo de un año, la mamá manatí da a luz a un pequeño que pesa alrededor de 30 kilos (66 libras).

Enseguida, la manatí saca a su hijo recién nacido del agua y lo sumerge varias veces para enseñarle a respirar. Después el pequeño ya puede nadar y respirar solo, pero no se aleja demasiado de su madre ya que ella es quien lo alimenta.

Hace muchos años existía la creencia de que las manatíes cargaban a sus hijos y sacaban la cabeza y parte del cuerpo de la superficie del agua para amamantarlos. Ahora se sabe que no es así, sino que la mamá manatí nada despacio y sólo inclina un poco la aleta bajo la cual su pequeño toma la leche pegado a ella.

El joven manatí se alimenta de la leche de su madre durante uno o dos años. Casi siempre la manatí demora tres años antes de tener otro hijo.

A estos grandotes del agua no les gusta el frío. Si es necesario se alejan en invierno para encontrar la cálida temperatura que les agrada y para habitar en un sitio tranquilo. Si nadie los molesta, llegan a vivir medio siglo.

Antiguamente este animal era una fuente de buena carne, de manteca y de piel para los pobladores de América. Los indígenas los cazaban con redes o arpones. Se cuenta que otra forma de atraparlos era usando el curioso "pez pega". Desde las canoas los cazadores lanzaban varios de estos peces amarrados con cordeles. Cuando los peces se pegaban con sus ventosas a la piel del manatí, los cazadores jalaban los cordeles con fuerza hasta que tenían al animal junto a sus barcazas.

Ahora los manatíes ya no son tan abundantes y está prohibido cazarlos, aunque existe el peligro de los inconscientes cazadores furtivos. ¡Hay que estar atentos para que se cumplan las leyes y nadie les haga daño!

Otro peligro para estos grandes mamíferos son los rápidos barcos de motor, que avanzan aprisa con sus hélices por las aguas donde ellos viven. Los barcos pueden chocar con ellos y provocarles con las cuchillas de las hélices heridas que a veces son mortales. También se ven en apuros si se enredan en las inmensas redes de los pescadores, que los arrastran por el fondo. Si no pueden salir a respirar, se ahogan.

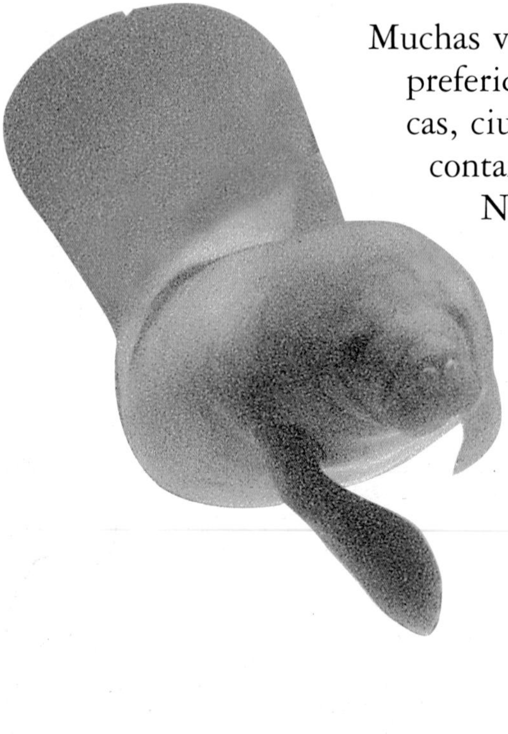

Muchas veces tienen que emigrar de sus costas preferidas porque en ellas se construyen fábricas, ciudades o grandes hoteles. Las aguas se contaminan y cambia su ambiente tranquilo. No siempre encuentran otro sitio tan bueno como el que tenían.

En algunos lugares al manatí le llaman "vaca marina" o "pez buey". Claro que no es un pez, y por supuesto que tampoco es una vaca ni un buey. Su nombre, "manatí", proviene de las lenguas indígenas del Caribe.

Un cuento:
El manatí misterioso

Hace más de quinientos años, los españoles que llegaron por primera vez a América vieron a los manatíes a lo lejos y pensaron que eran hermosas sirenas. Estuvieron muy decepcionados cuando la rara cabeza medio trompuda del manatí emergió delante de ellos. Pero aunque el manatí no es una sirena, sobre él se cuentan muchas historias.

Un día que el sol brillaba en lo alto en las costas de la península de Yucatán, en México, donde hoy se encuentra el estado de Quintana Roo, había un navegante solitario que miraba asombrado al animal que acababa de comerse todas las plantas del fondo marino a la sombra de su barco. “Me enteraré adónde va este inmenso animal”, se dijo el curioso marinero, por lo que levó su ancla y comenzó a seguir al manatí que se alejaba por la desierta bahía.

El animal nadaba a media agua, y a cada rato salía a la superficie a respirar. Entonces el marinero colocaba su mano a manera de visera sobre su ceja y miraba atentamente alrededor. Tan pronto descubría la cabeza del manatí ponía la proa hacia él, que lo dejaba acercarse y luego volvía a sumergirse. Así, avanzaron hasta que se veía cerca la costa. De repente el manatí asomó su cabeza al lado del velero.

"¡Ay!", se sobresaltó el marinero cuando vio de cerca los pequeños ojos grises del animal, que lo miraban con extraña expresión. De pronto, el gran manatí se sumergió y no volvió a salir a la superficie a respirar. El navegante se puso todavía más curioso.

A la mañana siguiente el marinero solitario descansaba en su barco, en un lugar apartado de la bahía, cuando observó al manatí que se acercaba. El animal nadó graciosamente cerca de la superficie como si quisiera llamar su atención y luego se hundió hacia un manchón de plantas. El hombre se rascó la cabeza intrigado. "Uhmmm, ¡hoy sí descubriré adónde va!", dijo, y otra vez levó el ancla y soltó las velas de su pequeño barco para perseguirlo.

Cuando llegaron al mismo lugar del día anterior, el manatí volvió a desaparecer sin dejar rastro. En esta ocasión el navegante esperó hasta que se puso el sol, pero el gran manatí no se dejó

ver de nuevo. Entonces, el navegante regresó a la bahía pensando que el manatí se había burlado de él.

Al día siguiente el hombre se despertó muy temprano y se puso a vigilar la superficie. El mar estaba como un plato y el agua, más cristalina que nunca. De repente apareció el manatí, que se colocó justamente debajo del barco, donde crecían unas plantas de finas hojas. "De hoy no pasa,

¡descubriré su misterio!", pensó el solitario marinero, y tan pronto el manatí se alejó hizo que el barco lo siguiera.

El animal parecía no tener apuro. Comía aquí, sacaba la cabeza entre unas plantas flotantes allá, y nadaba lentamente como si se divirtiera con la impaciencia de su perseguidor.

Por fin llegaron al mismo lugar de los días anteriores; el manatí respiró profundo junto al bote y sin más se hundió en las aguas. Pero esta vez el navegante no se quedó tranquilo a esperar a que reapareciera, sino que se quitó la camisa, llenó sus pulmones de aire y se lanzó al mar detrás de él... ¡y lo alcanzó a tiempo para agarrarlo de la cola!

El manatí nadó hasta el fondo y se metió como un torpedo por una larga y estrecha cueva submarina. El marinero se agarró más fuerte a la cola para no perderse en la oscura cueva, y el animal acuático lo arrastró hacia una puertecita de luz que se veía en la distancia.

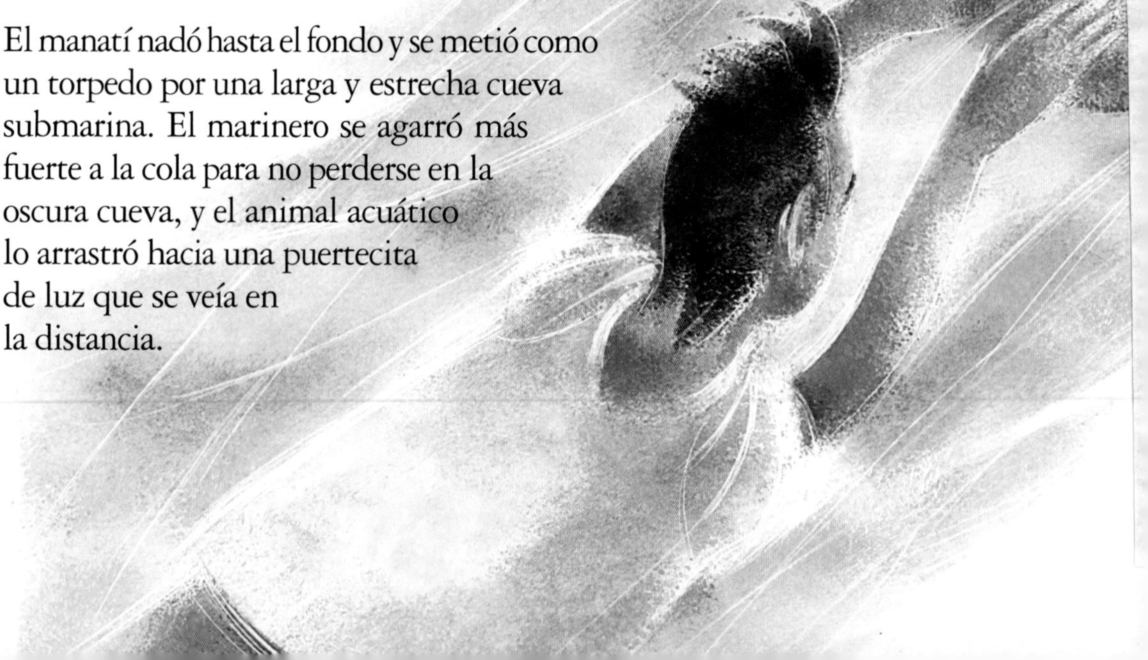

La luz venía del final de la cueva, que terminaba en un cenote de aguas cristalinas en la costa, rodeado de verdes palmeras. Al verse en la orilla del cenote, el marinero soltó la cola que lo arrastraba, tosió y escupió el agua que había tragado en su viaje submarino, y se restregó los ojos irritados por la sal del océano.

Cuando el navegante volvió a abrir los ojos ya no estaba el manatí en el cenote, sino que en su lugar encontró a una muchacha de piel color canela que salía del agua cubierta de resplandecientes gotas. Tenía el pelo largo y ondeado como las algas del mar, los ojos grises como las nubes de invierno, y en su voz había una extraña melodía. "Me llamo Mati", le dijo la joven y le ofreció una dulce anona y un pegajoso chicozapote. El navegante solitario olvidó entonces su barco para quedarse en tierra junto a la hermosa joven, en la que le pareció reconocer los ojos misteriosos de la criatura marina que había perseguido. Y llegó a acostumbrarse a que cada mañana ella desapareciera en las aguas del cenote, para regresar cuando el sol estaba muy alto con un mazo de algas marinas para añadir al almuerzo.

Y se cuenta que los hijos del navegante solitario y la mujer de ojos grises se hicieron amigos de los aluxes, esos duendes de formas curiosas, traviesos y enigmáticos, que desde hace siglos pueblan los cenotes y territorios de la Península de Yucatán, donde hasta hoy se hacen sentir.